QUELQUES MOTS

SUR LA

SITUATION ACTUELLE

PAR M. JULES RICHARD

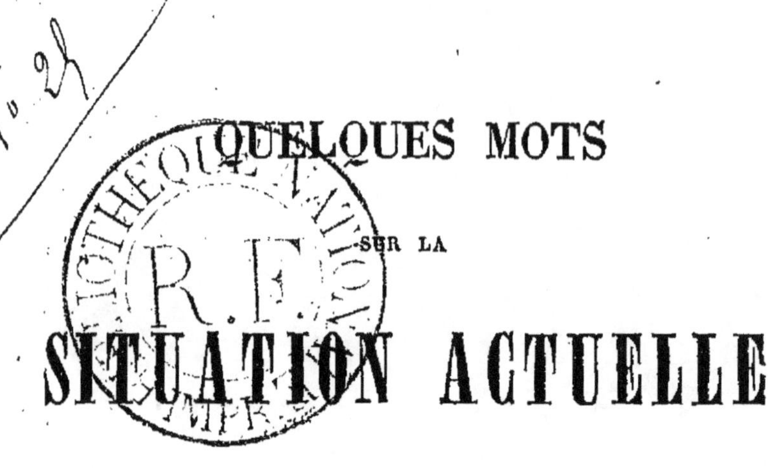

Qu'il me soit permis de m'entretenir avec mes concitoyens des intérêts de notre pays. Les circonstances sont difficiles et graves, nous sommes tous froissés et irrités par les actes extérieurs et latents de la politique; je me propose de parler sans passion et de ne pas exprimer un sentiment qui fut pris pour une injure. Républicain, je veux me mettre au-dessus des partis, réservant ma liberté personnelle et aimant la France, notre société actuelle, de toute l'énergie de mon cœur.

Deux principes sont demeurés long-
temps en présence, l'Hérédité dans la
fonction et l'Election. L'hérédité a été
vaincue. L'hérédité était partout sous
l'ancien droit français, dans l'armée, la
magistrature, la politique, les métiers ;
l'élection l'a successivement repous-
sée de ces formidables positions. Il
y a deux ans, l'hérédité tenait encore en
ses mains le pouvoir exécutif modifié et
approprié selon l'exigence des temps ; elle
l'a perdu comme en août 1792 et en juillet 1830.

Nous comprenons les avantages d'un
pouvoir incontesté, immobile comme un
principe de justice. Cette forme de gouvernement avait sa raison d'être dans
une société divisée en classes où tel cos-
tume désignait un corps d'état, où n'exis-
tait pas l'égalité de partage entre les en-
fants d'un même père, où le prince était
à la fois chef de l'Etat et pouvoir législa-
tif, où les assemblées des trois Ordres se

réunissaient sous le bon plaisir du roi, à des intervalles irréguliers et quelquefois séculaires; mais avec la France telle qu'elle est constituée dans son unité civile, vivant depuis soixante années du principe et du fait de la souveraineté nationale, l'Hérédité du pouvoir serait une étrangeté autant qu'une impossibilité.

Pense-t-on que la Société, maîtresse aujourd'hui d'elle-même, dise à une famille : nous confions à ta sagesse le gouvernement ; tes fils hériteront comme d'un patrimoine du droit qui t'est conféré ; nous renonçons pour nous et les générations qui vont suivre, à la faculté d'opérer ta déchéance, tu es permanente ainsi que la nationalité ?

Entre les mains de qui le Souverain, le peuple français, abdiquera-t-il et de quelle manière manifestera-t-il efficacement sa volonté ?

Il est une famille qui a administré la France pendant une longue suite de siècles ; elle a produit des hommes éminents, je ne décline aucune de ses vertus, aucun de ses services, je suis fier de plusieurs de ses rois. Cette antique famille qu'est-elle devenue ? elle ne compte qu'un représentant, Henri de Bourbon, exilé depuis vingt ans. Que sait-il de nos affaires intérieures, de nos besoins si multiples, des hommes, de nos institutions ? Il avait à peine dix ans lorsque son aïeul perdit le trône, dans quel milieu a-t-il vécu, quelles sont ses aspirations et ses tendances ? son nom seul est connu, il est l'écho du passé, cela suffit-il à notre époque d'examen et d'application ? M. le comte de Chambord n'aurait qu'une part de la population pour lui ; les orléanistes, les napoléoniens et les républicains lui raviraient, même en temps calme, plus des trois quarts de sa force.

L'Assemblée législative peut-elle se déclarer favorable à une troisième restauration de la branche aînée ? les moyens

légaux lui manquent, ensuite elle est divisée comme la nation et ses volontés se
neutralisent. Le pays, désormais hors de
tutelle, ne ratifierait pas le choix qu'on
voudrait lui imposer, il faudrait qu'il y
procédât lui-même.

Pour nous le droit gouvernemental est
dans l'élection par la majorité ou dans la
délégation du peuple à ses représentants
directement nommés pour constituer un
état de choses. Pour M. Henri de Bourbon, le Droit n'est ni dans les armes
étrangères, ni dans l'insurrection , ni
dans l'élection ; le Droit surgit d'autorité.
Il y a cependant deux contractans, le
Prince et le Peuple, de quelle manière
constater leurs volontés ?

Admettons ces difficultés surmontées
et M. de Chambord en possession du
trône de ses pères, quels sont ses moyens
de gouvernement ? — Le parti légiti-
miste se divise en trois opinions, celle
qui veut le roi pour point de départ, *el*

rey netto, offrant une charte ou la refusant suivant son appréciation des intérêts engagés, libre comme le propriétaire l'est de son sol, dictateur par hérédité ; celle des parlementaires, proposant pour conseils à la royauté, une chambre élective et une pairie ; enfin celle des catholiques dont le but est la prédominance de l'Eglise. J'admets le parti parlementaire pour le plus probable et je demande sur quelles bases la chambre élective sera formée ? à quel taux le cens électoral ? à quelle fortune la pairie ? verrons-nous refaire les règnes de Louis XVIII et du comte d'Artois ? y songe-t-on ! remonte-t-on ainsi les âges ? si cette forme est tombée il y a vingt ans, se relèverait-elle à cette heure ? combien de jours se maintiendrait-elle ? son établissement d'abord et sa chute ne jetteraient-ils pas la France dans un abîme de maux !

L'empire serait-il plus près de nous que la légitimité ? Quoique les monar-

chistes se soient entendus pour porter à
la présidence M. Louis Bonaparte, il les
réunirait contre lui dès l'instant où il s'a-
girait d'un mouvement sérieux, militaire
ou parlementaire, pour le perpétuer au
pouvoir. Dans de telles questions l'intérêt général n'est compté pour rien, l'intérêt particulier joue le premier rôle ; or,
rien n'est plus exclusif que cette pensée
là. De même que les légitimistes auraient
contre eux les bonapartistes, les orléanistes et les républicains, M. Louis-Na-
poléon, serait empêché par trois fractions
en majorité. Mais ce n'est pas de cela seu-
lement qu'il s'agit aussi pour lui, c'est
de constituer quelque chose de définitif.
Il faut bien un contrat de société, un acte écrit du peuple à son délégué. Qu'elle
serait la nouvelle constitution ? M. Bonaparte ferait-il comme empereur ce qu'il
n'a pas pu faire en qualité de président ?
d'où lui viendrait l'initiative des mesures
salutaires ? trouve-t-il n'avoir pas assez

de responsabilité? est-il gêné dans le choix de ses agents supérieurs? d'autres ministres sortiront-ils des rangs de la société? les économies, les établissements de crédit, l'administration dans son ensemble, intérieure et extérieure, seront-ils plus faciles? les défiances et les divisions cesseront-elles? — L'empereur lui-même ne referait pas l'empire s'il apparaissait au milieu de nous; il ne commettrait pas une seconde fois la faute d'échanger la première magistrature temporaire chez un grand peuple, pour devenir l'égal de quelques rois de l'Europe.

L'hérédité avait dans la famille de Louis-Philippe, toutes les chances de durée et cependant où sont les espérances de transmission de pouvoir du père aux fils? M. Bonaparte a quarante-deux ans et n'est pas marié. L'hérédité reconstituée en sa faveur s'arrèterait fatalement à lui. Qui peut prévoir les évènements

jusqu'à la majorité de son successeur ?
Le plus beau jour et le plus grand de la
vie de M. Bonaparte sera celui où il re-
mettra le pouvoir intact et la France pa-
cifiée et heureuse, entre les mains du citoyen que le pays désignera pour le rem-
placer. Il est lié par de solennels ser-
ments, pourrait-il donc oublier que la
plus solide grandeur est dans le respect
de la loi et de la foi jurée ?

L'orléanisme se divise en deux bran-
ches : ou MM. de Joinville et d'Aumale,
ou Mme d'Orléans et son jeune fils. Ce
parti, isolé pour son œuvre individuelle,
est incapable d'arriver sans l'appui de
ceux dont l'intérêt immédiat est de le
combattre. M. de Joinville et M. d'Aumale, malgré d'honorables antécédents,
ont le défaut, défaut tout contemporain
et de circonstance, d'être fils de roi et
d'entraîner après eux un retour dans les
esprits vers la monarchie ; danger réel
pour une République qui vient de se

fonder, qui a les lois pour elle, mais contre elle les habitudes et les mœurs. D'autre part MM. d'Aumale et de Joinville renonceraient-ils à toute idée de restauration royale, si le peuple les élisait, un jour, constitutionnellement à la présidence ? Il est difficile de le savoir. La vérité est que l'élection faite de la personne de l'un d'eux, offrirait, du vivant de leur père, plus de dangers encore que n'en présenta celle de M. Bonaparte.

Le rappel de Mme d'Orléans est d'une impraticabilité flagrante. Mme d'Orléans, quelles que soient ses qualités, est étrangère, son fils à moins de douze ans : on ne relève pas une demi-légitimité sur d'aussi frêles appuis.

Il nous reste donc la République, la république acceptée par toutes les communes de France après le 24 février, proclamée unanimement le 4 mai 1848 par les représentants de la nation, jurée par le président, saluée le 28 mai dernier par la législative, la république constituée sur la loi.

Les partis ont leur idéal et la logique les y conduit. Le but du Légitimisme est l'immobilisation du pouvoir, l'autorité sans contrôle, quant à son origine, de la part des gouvernés, car cette autorité prend sa source en un droit préexistant, hors de l'examen, venant de Dieu et non de la société ; c'est l'excellence d'une classe de citoyens sur les autres.

Le but politique de l'Orléanisme est le gouvernement des classes moyennes, de la richesse, à l'exclusion des anciennes familles et du prolétariat.

L'idéal de la démocratie française est l'assimilation des intérêts, la protection égale des droits politiques et moraux du citoyen, la consécration des positions acquises, le respect de l'hérédité dans la famille, l'élévation des intelligences par l'éducation religieuse et professionnelle, le relèvement des conditions de sorte que tout membre jouisse, non pas d'une égalité chimérique, abrutissante, mais d'une certaine somme de bien-être. Le gouvernement républicain, conservateur à meilleur titre que ses devanciers, n'ôte rien à ceux qui possèdent et aide, par des institutions de prévoyance et des lois moralisatrices, à ceux qui n'ont pas ; il fortifie l'unité sociale en rendant, au moyen de l'accomplissement du devoir, l'homme plus sûr de lui-même ; sous cette influence, la fonction naît du mérite et non de la classe ou de la fortune ; la liberté est d'autant plus vraie que l'honnêteté est plus pure et plus ferme. La république a tout à gagner de la connaissance de son programme, la légitimité et le libéralisme ont atteint leur apogée et donné tout ce qu'il y avait en eux : l'œuvre d'avenir est reprise par leurs héritiers immédiats.

Rallions-nous à la République ! elle a résisté à tous les coups, aux grandes émeutes de mars, d'avril, de mai 1848, à l'insurrection de juin, aussi bien qu'à l'entraînement du 10 décembre, qu'à la pression militaire du 29 janvier et qu'aux élections monarchiques du 13 mai ; elle passe outre aux défections, aux injures, aux subtilités comme aux colères présentes et se dresse plus robuste, plus indestructible que jamais.

La conciliation doit se faire sur le champ-clos de la Constitution. Le moment d'y toucher n'est pas venu , deux ans et quelques mois nous séparent de cette époque ; contenons cette impatience, peut-être les hommes qui insultent à cette grande loi d'union ne le feront-ils pas en juin 1852. Est-il même certain que l'Assemblée législative formule la demande de révision ? Que de modifications peuvent changer la détermination qui paraît être dans l'esprit de sa majorité ? Qui peut sonder les secrets du vote populaire de mai 1852 et dire quel sera l'esprit de la nouvelle assemblée? Si l'institution de la présidence disparaissait après l'apprentissage que le pays en aurait fait en trois ans et demie, au milieu des péripéties d'un duel commencé au lendemain du 20 décembre et continué jusqu'à aujourd'hui, à qui les monarchistes s'en prendraient-ils si ce n'est à l'imprudence de leurs attaques? Nous n'examinerons pas ici les motifs de vitalité ou de négation de la Présidence, nous prenons la Constitution sur le fait et à la lettre et respectons tout ce qu'elle a consacré, mais l'opinion de beaucoup est, qu'en cas de révision, il y a plus de chances contre la présidence de la République et conséquemment pour un président du conseil, qu'il ne s'en présente pour la prolongation du mandat à dix ans. Il pourrait arriver que la révision donnât la faculté de réélire le premier magistrat, si les républiques n'étaient

souvent, à justes égards, armées de défiances.

La limite de quatre années semble
courte aux personnes qui par regret ne
vivent que dans le passé, elle est assez
longue pour celles qui ont la volonté de
fonder le gouvernement nouveau sur
l'exercice réel de la souveraineté du peuple, qui font la part des forces humaines
et du mouvement extraordinaire impri-
mé aux sociétés modernes. Louis-Philippe aurait pu sauver la monarchie de
juillet en abdiquant pour l'aîné de ses
fils, en 1840, après la coalition parlementaire... M. Louis Bonaparte n'a-t-il
rien perdu de la popularité de son nom
depuis que la législative est réunie? Le
flot s'appaiserait-il si le président était
indéfiniment fixé au poste qu'il occupe?
Les passions grossiraient en proportion
de l'obstacle, tandis qu'elles se discipli-
nent et s'affaiblissent par la perspective
qu'une administration cesse à tel jour

donné, non plus par une révolution, mais par l'effet de la loi. Il est difficile de citer avec justesse l'exemple des autres pays, il vaut mieux prendre la leçon sur soi-même, cependant que se passe-t-il en Amérique où le président s'élit tous les quatre ans? L'Amérique entre-t-elle en révolution périodiquement? Non, en vérité, le plus illustre chef d'état descend du pouvoir et rentre simple citoyen dans la vie privée. On voudrait deux chambres comme aux États-Unis et on repousse la présidence !

La stabilité ne réside pas ailleurs que dans la conservation de nos institutions républicaines, dans l'observation loyale de la loi, dans les réformes d'utilité générale. Le magistrat qui aura gouverné dans le sens élevé et pratique du mot, sera suffisemment récompensé de ses mérites ; qu'il ne mette point en doute la reconnaissance nationale.

Les premières préoccupations du roi

ne consistent-elles pas à s'assurer le trône en immobilisant toutes choses autour de lui? Il songe à sa famille, à des établissements de politique privée ; les soins du gouvernement viennent en second lieu.

Le président temporaire, lorsqu'il est pénétré de ses devoirs, n'a d'autre intérêt que de bien administrer. Ne pouvant fonder une dynastie, il mettra son ambition à laisser un nom honoré , à créer des institutions que le temps consacrera.

Il ne suffit pas de réclamer des changements à la constitution, pas plus que de faire opter le peuple entre la république et la monarchie. La question menaçante, inévitable est celle-ci : Quelle monarchie et puis quel roi? Les complications commencent à cette heure suprême, pierre de touche des défaillances de partis.

Plusieurs avouent très-haut aujourd'hui qu'en élisant M. Bonaparte ils entendaient frapper la République, et, en éliminant les anciens constituants, compléter l'œuvre pour fournir au président les moyens qui lui manquaient sous la première assemblée. Tant d'éclats de colère agitent l'opinion qui en effet ne se rassied pas ; une véritable bataille s'engage au fond des urnes électorales ; on se jette des défis mutuels. Etrange erreur ! Les royalistes et les libéraux s'attaquent à la République et à la Constitution comme si elles n'étaient pas sorties de l'enseignement chrétien, des conditions de la royauté même et de toute la philosophie des derniers siècles ! L'acte promulgué par la Constituante était dans la conscience commune.

On s'alarme trop des doctrines auxquelles on donne le nom de socialistes, elles ne sont pas réalisables ; même comme essai sur un canton elles échoueraient. La France les accepterait-elle ja-

mais?... Là n'est point le danger, il gît
dans l'affirmation que la royauté serait
une digue à la production, à l'expansion
de l'idée des réformateurs. On oublie
que ces doctrines ont pris naissance lorsque la restauration florissait et sous tout
le règne de Louis-Philippe. Ce ne sont
pas les livres de Saint-Simon et de Fou-
rier, mais le libéralisme de M. Casimir
Perrier et l'opposition de M. Odilon-Bar-
rot qui ont amené la chute des deux derniers gouvernements. Ils résisteraient
bien moins à une pression plus énergi-
que! Seule la République est assise sur
une base assez large pour faire face à
tout choc d'idée, parce qu'elle est un
gouvernement électif, d'autorité par dé-
volution de la majorité, de bons sens,
de moralité et d'application, ne redou-
tant aucune lumière, prenant le bien des
mains de ses adversaires, gouvernement
de publicité et de discussion, causes de
mort pour tout autre état. La Républi-

que s'appuyant sur la liberté du suffrage convie à la tribune française les novateurs à s'expliquer. Quelle fut l'influence de MM. Considérant , Pierre Leroux , Proudhon et de l'extrême gauche pendant la première moitié du mandat de la Constituante? on peut dire qu'elle fut presque nulle, mais elle se releva devant les périls encourus par la République à la suite des mesures de compression et de l'absence de toute création du gouvernement. La République consolidée , le socialisme qui n'en est que l'exagération et la colère, faiblit, s'efface et ne revêt que les formes accoutumées de la controverse politique. Le christianisme n'a-t-il pas eu à combattre dans les premiers temps de sa prédication une multitude d'hérésies se rapprochant plus ou moins de l'interprétation véridique, acceptable de l'enseignement évangélique ? L'Eglise sortit triomphante de ces dangereuses erreurs : il en sera de même de la République ; faible à sa naissance , compromise par ses amis et environnée ensuite d'habiles et puissants ennemis , on verra jaillir de son sein ce qui y est contenu de sage et de véritablement humain, lorsque les esprits inclineront loyalement vers sa conservation.

La révolution religieuse nous a donné la liberté de conscience, fondement de toute autre liberté ; la révolution philosophique a eu pour conséquence l'égalité civile ; nous entrons dans la révolution économique qui nous vaudra la fraternité dans l'association, la fraternité politique, je veux dire le développement normal, par l'action du temps et des lois, des intérêts tous solidaires des citoyens. Le pouvoir ne peut plus être une fiction quelque haut qu'elle soit placée, mais la personnification même de la société dont il a l'administration ; il se transforme d'après l'expression de ses besoins.

La République n'est pas un parti ! elle

vit de libre examen et de paix, de philosophie et de commerce, d'arts et de sciences. Sous quel régime le culte divin peutil être plus libre et plus respecté? Elle laissera aux anciennes opinions leur part d'influence par les voies de la discussion et de l'élection ; elle ne fait exception de personne, ne divise point l'Etat en riches et en pauvres, en producteurs et consommateurs, en hommes de loisirs et en ouvriers : la république ne voit que des citoyens utiles, et les convie indistinctement à travailler à l'édifice commun, elle fait appel aux plus nobles passions des cœurs. Que les légitimistes lui apportent leur soumission à l'autorité, leurs vertus de famille, leur urbanité, leur bienfaisance privée ; les monarchistes intermédiaires, leur amour de l'ordre matériel, l'industrie, le crédit, la prudence ; les républicains de toute nuance, leur volonté, leurs bras, leur nombre, la supériorité de leur idéal, leur foi : avec ces immenses forces réunies nous enléverons à la misère la cause de ses pleurs, au travail l'occasion du chômage, aux hommes de paix les craintes qui les assiégent ; la société sera sauvée, le levier est en nos mains, il suffit de vouloir, de briser les liens de partis, d'avoir du cœur, toujours du cœur, d'aimer l'Etat et de le servir avec le désintéressement des vieux nobles et la raison des plébéiens.

La Mothe Saint-Héray, 7 avril 1850.

Imp. de Ch. Moreau, à Melle.